交渉力の強化

寺澤　進吾
山田　良介　著

職業訓練法人Ｈ＆Ａ

◇ 発行にあたって

　当法人では、人材育成に係る教材開発を手掛けており、本書は愛知県刈谷市にありますARMS株式会社（ARMS研修センター）の新入社員研修を進行する上で使用するテキストとして編集いたしました。

　ARMS研修センターの新入社員研修の教育プログラムでは、営業コースをはじめ、オフィスビジネスコース、機械加工コース、プレス溶接加工コース、樹脂加工コースなど全18種類の豊富なコースを提供しております。また、昨今の新型コロナウイルス感染拡大を受け、Zoom※でのネット受講でも使用できるように、できる限りわかりやすくまとめましたが、対面授業で使用するテキストを想定しているため、内容に不備があることもございます。その点、ご理解をいただければと思います。

　本書では新入社員研修の内容をご理解いただき、日本の将来を背負う新入社員の教育に役立てていただければ幸いです。

　最後に、本書の刊行に際して、ご多忙にもかかわらずご協力をいただいたご執筆者の方々に心から御礼申し上げます。

2021年3月
職業訓練法人　H&A

※Zoomは、パソコンやスマートフォンを使って、セミナーやミーティングをオンラインで開催するために開発されたアプリです。

◇ 目次

第４章　交渉の進め方（実践編）

まとめ

第 1 章

交渉とはなにか

01　交渉とは

１．交渉

　皆さんは、【交渉】と聞いてどんなイメージが湧きますか？

　「どちらかが自分の主張や意見を通すために、相手の主張や意見を論破したり、相手にお願いしたり、様々な条件を出したり…。」というような物理的かつ強制的な衝突を避け、また穏便に事を運ぶための手段というイメージを持つ方が多いと思います。

　これらの皆さんが持っている交渉に関するイメージは、TV ドラマなどで、相手を懐柔して味方に引き入れるときや、特定の機密などを極秘に入手する際に相手からの信頼を得るため、ときには強面で、ときには猫なで声で話しかけるようなシーンからきているのではないでしょうか。

　交渉を、広辞苑で調べてみると、
「相手と取り決めるために話し合うこと。かけあい。談判」
と書かれています。

　本書では交渉とは、ビジネスシーンにおける「目的達成のための話し合い」と定義します。

　なぜ、交渉をするのか？

　私たちは、日常の生活（家庭、サークル活動、異業種交流会など）や、職場内、取引先との商談の中で、あらゆる利害関係者と様々な事柄について話し合い、相談をしています。
　そのときに、話し合い、相談をしている者同士で、お互いの主張、意向や意思にずれを生じさせることなく利害を含めて一致することができれば、なんら問題になることなく諸々の手続きやビジネスにおける取引を円滑に進めることができます。
　しかしながら、お互いに相手に対して求める結果や、自らが得たいと考えている利益または、優先順位など、主張や意向、意見が食い違うことも頻繁におこります。

　その場合、前述の通り、どちらか一方が相手に対して力ずくで自らの主張、意見を強制、強要する。または、物理的衝突を回避し、相手を懐柔するために硬軟、強弱をつけて具体的な提案を持ち掛けるなどが考えられます。
　とはいえ、このような場合、得てして一方には大きなメリットがあるが、もう一方にはそれほどのメリットを感じられないことが多く、話し合いがこじれると関係が打ち切るなどが考え

られます。互いに異なる主張、意向や意見を持つ者が、一方的に自らの利益のみを優先させれば継続的かつ友好的な関係性は破綻することとなり、特に、ビジネスの場においては一時の利益を優先させることで将来利益を得る機会を逸失することになります。

　このような事態を避け、ビジネスにおいて相互に発展させるには、双方に納得のいく形で意見や利益が一致するように協議をする必要があります。

　この協議をすることが、「目的達成のための話し合い」であり、ビジネスシーンにおける交渉といいます。

　つまり、交渉とは、ある事柄や案件にかかわる2人（または、2社）以上の当事者が、それぞれに異なる立場（主張、意見、利益など）から、お互いに納得して合意できるポイントまで働きかけるプロセスのことです。

2．仕事もプライベートも交渉の連続

　いつでも、どこでも「交渉」はつきもの。

　前項でも述べましたが、私たちは日常の生活や、仕事の場において、立場や意見の違う人とあらゆる事柄について話し合い、相互に納得のいく結論を見出し、継続的かつ友好的な関係性を継続するために交渉をしています。

　そして、これらの交渉はビジネスシーンにおいては綿密な準備を必要とする場合や、時には専門のネゴシエーターを用意するなど、時間と費用をかけることが多々あります。
　一方で、我々の日常生活においては、物心がついたころから簡単な交渉がたびたび行われています。

　では、私たちの日常生活において、どのような交渉が行われているかを見ていきます。皆さんは、学生時代、このようなことはありませんでしたか？

　　母親　　「朝ごはんを食べて学校行きなさい。成長期なんだから栄養取らないと…。」
　　あなた「時間がないし、大してお腹空いてないからいらない。」
　　母親　　「サンドウィッチを作るから、学校へ行く途中で食べなさい。」
　　あなた「はーい。」

　一見何気ない親子の朝の会話ですが、これは母親とあなたの間で行われた交渉だったのです。では、この会話の何が交渉にあたるのかを、詳しく解説してみます。

　　母親の主張、意向　　「成長期なので栄養補給をするべく朝食を食べさせたい」
　　あなたの主張、意向「朝の身支度で時間がないから、朝食抜きで構わない」

　ここでは、時間がなくても朝食を食べさせたい母親と、時間がないから朝食を食べたくないあなたの主張、意向が相違しています。
　そこで、母親は朝食を食べる時間がないあなたに対してサンドウィッチを作るので通学途中に食べることを提案します。

　あなたは、身支度の時間を確保できることと、通学途中で朝食を済ませることができるということに納得して母親の提案に合意します。

　つまり、「サンドウィッチを通学途中で食べる」という相互が納得して合意できる提案することで、「朝食を食べさせたい」という母親の主張（利益）と「身支度の時間を確保したい」というあなたの主張（利益）を損なうことなく享受できることにより交渉が成立しています。
　このように、日常生活においても、様々な場面で相互の利益を守り、合意できるポイントまでのプロセスである交渉が行われていることが理解できます。

　そして、この交渉の中で注目すべき点がもう一つあります。
　それは、交渉の最初である「朝ご飯を食べて…」という提案に対して、「いらない」という否定から始まっているということです。

　つまり、交渉は「No」から始まるのです。

私たちは交渉をする場合、どうしても相手を敵視しがちになります。これは、ビジネスの場において交渉する場合もそうです。しかし、意見が対立しても、お互いに同じ目標に対して合意するために交渉をしている以上、敵対関係ではなく、味方もしくは仲間であることを意識しなければなりません。
　ビジネスの場やプライベートの交渉において、進展が遅く難航している場合、交渉をしている相手の人格や考え方に問題があるのではなく、取引条件や相互のメリットを享受するための

過程であるといえます。

　ここで重要になるテクニックとして「ウォーム・アンド・タフ」があります。

　これは、人に対しては「あたたかく受け入れる」、ビジネスの条件交渉には「タフ」な姿勢を持つということです。
　「あたたかく受け入れる」ということは、決して、相手に対して「譲歩する」ということではありません。相手の話をしっかりと聞き、相手のおかれている立場を十分に理解し、相手に対する敬意や好意を表現することです。
　また、相手の心配や緊張感を解消するために、アイスブレイクとしての雑談や世間話で相互理解を深め、気持ちを和ませることもあります。

　前述の母親とあなたの会話に十分な「ウォーム・アンド・タフ」は、あったでしょうか?

　本書を手にしている皆さんは、ビジネスにおいて「お客様との交渉」、「上司との交渉」、そして、私生活においては「友人や家族との交渉」など、様々な交渉をしていくことと思います。
　本書で交渉についての理解が進み、「ウォーム・アンド・タフ」の姿勢で対すれば、交渉がこれまでよりスムーズに行えるでしょう。

朝食

02　最終目的は合意ではない

１．友好的に解決し合意を目的とする交渉のリスク

　本書のはじめ「交渉」の項で、【交渉】とは「目的達成のための話し合い」と、定義しました。そして、相互が納得して合意できるポイントまで働きかけるプロセスであることもお伝えしました。

　ここでは、交渉が「目的達成のための話し合い」かつ、「合意できるポイントまで働きかけるプロセス」であり、交渉＝相互同意（広義の合意）ではない理由について解説します。

　「交渉をする」ということに対して、私たちの周りでは、しばしば「交渉＝同意、同調または了承を得る（広義の合意）」という考え方をする方がいらっしゃいます。

　時と場合によっては、広義の合意である同意、同調または了承を得ることを目指すのも間違いではありません。しかし、もし交渉の目的が同意や了承を得ることだった場合、どちらか一方においては、不利益や不利な立場や条件を受け入れなければならない場合があります。

　例えば、ビジネスにおいての交渉の目的は、直接または間接的に「自社のために価値を獲得すること」です。言いかえれば、どん欲に利益を追求することです。

　利益を追求するために、「新規契約を成立させる」、「顧客の不満を解消する」、「販売数量や販売価格を上げる」、「仕入れ価格を下げる」など、交渉には個別かつ、具体的な目的があります。

　これらは全て、事業利益を高めるための活動といえます。しかし、最終目的を個別の目的（契約締結）の同意や了承を得ることにすると、付帯する諸条件について相手が全く譲歩しなかった場合に、自社の価値（利益）を譲歩することになるからです。

　交渉は、目的を達成するための話し合いであり、相互に合意できるポイントに至るまで働きかけるプロセスのことです。

　そして、自社（または、自身）の利益を確保、追求できる条件を相手方から得るために行うものです。

合意を目指すわけではない

　交渉において、WIN‐WIN の関係を築くことが提唱されていますが、交渉時のシチュエーションによっては相手と WIN‐WIN の関係を構築することが必ずしも現実的でない場合があります。

　それは、どうしても取引先の要求に応えるための合意点が見出せない場合や、提示された条件で合意すると、無条件で労力や時間を費やす可能性がある場合などの状況が考えられます。

　また、経験の浅い交渉者の場合においては、WIN‐WIN の関係を構築したつもりでも、実は自社の利益を削ってしまっていることに気づかないこともあります（実は、LOSE‐WIN の関係になっている。）。つまり、

・相手にとっては好都合、好条件。
・自社にとっては不利な条件の合意。

こんな結果になってしまっては、【交渉】をした意味がなくなってしまいます。
　したがって、具体的な条件を出し合うビジネスでの取引交渉の場では、必ずしも WIN‐WIN の関係構築（同意、同調または了承を得る）をすることが、交渉ではないということを知っておく必要があります。

　【交渉】とは、自社（または、自身）の利益を確保、追求することが絶対条件であり、その目的達成のための話し合いにしなければならないのです。

２．　自社の目的を達成する

　前項まで読んでいただき、【交渉】とは「自社の目的を達成するための話し合い」ということは理解していただけたのではないでしょうか。

　では普段の私たちの生活ではどんな【交渉】があるのでしょう？

　いくつか例を挙げるので見ていきましょう。

　皆さんがご家族や友人と海外旅行へ行ったとします。お土産屋さんで「可愛いキーホルダー」を見つけました。値札を見るとそのキーホルダーは１２ドル。もう少し安くならないかなーと思い、そのキーホルダーを１０ドルにしてもらえないか交渉します。
　また、職場のシフトなどでよくあるケースを例にしてみましょう。
　仕事がシフト制で、休日は不定期の交代勤務制だったとします。小学生のお子さんがいらっしゃるとしましょう。お子さんの学校行事の日にたまたま出勤予定。どうしてもお子さんの行事に参加したいのでどうにか休みを交代してもらえないか同僚に交渉します。
　夫婦間でも交渉が行われるケースがあります。
　毎月の小遣いが１ケ月３０，０００円。同僚との付き合いもあるし、どうにか１ケ月のお小遣いを４０，０００円に上げてもらえないか交渉します。

　このように意識をして考えはじめると、数えきれないほどの交渉が私たちの周りにあることに気が付くはずです。そして、例で挙げた通り、いずれの交渉も自身の目標、目的を達成するために行われる【交渉】です。これら日常の【交渉】では、時には妥協や譲歩をすることも必要ですが「何のために交渉をしているのか」という目的は決して忘れてはいけないのです。

　交渉をする過程において、相手側から最終通告または、相手にとっての最低条件が、自身にとっては不本意な妥協や、譲歩が求められることもあります。そのような不本意な交渉によって、本来の目的である「利益の確保、追求」が全くできない場合、交渉決裂または、白紙撤回という選択肢もあることを覚えておくのもよいでしょう。

目標達成のための話し合い

03　交渉の種類

1．論破し相手を打ち負かす

　交渉には色々な種類（手法）があります。その中の一つに、「論破」というものがあります。

　「相手の主張を論破する」というのは、よく聞く言葉です。そして、しばしば交渉の場で自身の利益を確保するために、相手方の主張を押しのけ、承諾させるときに使われることがあります。
　しかしながら、この交渉方法は、交渉相手との立場の違いや、ビジネスにおける力関係などの背景にものを言わせて行われることも多く、交渉によって得たもの以上に大きなものを失う可能性があります。何故なら、論破するというやり方は「論理的に相手の主張を打ち破る」だけにとどまらず、交渉相手の気持ち（感情）に配慮せず、自身の目標達成だけを優先して相手を理詰めで納得させるという方法だからです。

　とはいえ、「論破」という手法は交渉の場で多く使われます。その際の重要なポイントになるのは、自身と交渉相手との情報量の差です。論破という手法は、高圧的な言い方や暴力的な発言で相手を黙らせることではなく、相手の主張することに対して矛盾や、弱みをつくことで自身の主張を認めさせる手法なので、交渉にあたって情報収集がとても重要になってきます。
　前項の例にあった海外のお土産屋さんで可愛いキーホルダーを買う際、１２ドルで売っているものを１０ドルにしてもらう交渉で例えると、

　「その商品の市場価格を知るために周辺のお店を調査」
　「他の店で、同じ商品がいくらで販売されているか」
　「他の店と比較して、ターゲットのお土産屋さんで購入する理由の明確化」

など、交渉相手を納得させるための情報収集と自身の目的を明確にします。そのうえで、

　「近くの〇〇というお店で同じキーホルダーが１０ドルで売っていました。もし、この店でも１０ドルで買えるのであれば１０個買いたいのですが、安くなりますか？」

と、店員さんの「価格」に対する主張を論破するのです。ここで、

　「隣の店では１０ドルで売っているので１０ドルにしてください。」

など、高圧的な言い方をして価格交渉ができたとしても店員さんは「嫌な気分」になるはずで

す。場合によっては、「隣の店で買ってください」と、言われるかもしれません。

　交渉における「論破」とは、ビジネスの場だけではなく友人同士や家族でも意識せずに使ってしまう場合があります。意識的にテクニックとして使う場合、無意識に使ってしまう場合のどちらにおいても、使い方次第では交渉相手との関係性を壊してしまう可能性があります。理にかなっている話をして相手を言い負かしても、逃げ場のない相手は逆上したり口論になってしまったりと、いい結果が得られないことが多いです。
　仮にその場は丸くおさまっても相手の中にわだかまりが残ってしまうケースもあるので使い方には注意が必要です。

　「論破」という交渉の手法を使うときには、事前の情報収集によって相手方の主張の矛盾や弱点を的確に突き、自身の主張を優位にして目的を達成することです。自身の目的達成度を最大限にすると同時に、相手方にも最低限の目的は達成できたという納得感を与える配慮も必要であることを理解しましょう。

お土産を買うときに経験ありませんか？

２．懇願（頭を下げお願いする）

　「懇願」とは、交渉における手法の１つですが、一見すると非常に弱々しい感じを受けるのではないでしょうか？
　「懇願」という交渉スタイルは読んで字の如く、「お願いしたおす」ということです。
　イメージとしては、頭を下げてお願いするとか、土下座をしてでも自分の主張に同意してもらうという感じだと思います。もちろん、たいていは、平身低頭でお願いするというスタイルになっている場合が多いでしょう。
　とはいえ、単に頭を下げてお願いしたとしても、相手方がその条件を簡単に受け入れるか否

かは相手次第です。懇願という手法を友好的に使うには、相手との関係性が非常に重要になってきます。例えば、普段から協力的かつ友好的にあなたの仕事をサポートしてくれている同僚から、

　　「○○の件、大変だけど引き受けてもらえないか？」

と、非常に困難と思える仕事を依頼された場合、普段から友好的な関係性があることから、相互扶助だと受け入れるのではないでしょうか。一方で、普段から無理難題な要求や、高圧的に指示命令を出す、あなたが多少の嫌悪感を抱く上司から、

　　「家庭の事情で出られないので、週末にあるお客様のイベントに代わりに参加してください」

と、言われても素直に了承することは難しいでしょう。代わりに「残業代」や「特別手当」を要求するかもしれません。場合によっては、曖昧な返事ではぐらかしたりするかもしれません。

　前項の例をとって解説すると、あなたが交代勤務制の会社で休みを交代してもらえないか同僚に交渉する場合に、

　　「今度の日曜日、子供の学校の運動会があってどうしても会社を休みたいんだ。○○さん、休みを代わってもらえないですか？」

　と言って、頭を下げたり人によっては土下座をしたりと、とにかく誠意を持って精一杯お願いするということになります。この場合、常日頃あなたが○○さんにどのように接しているかが交渉を成立させる大きな要因になります。

　手法としては至って単純な方法です。
　ただし、良好な関係を築いている相手だとしても、この方法は相手を選んで行わないとこのことをきっかけに逆にいろいろお願いされることや、利用されてしまう可能性もありますので慎重に行う必要があります。場合によっては、相手が見返りを要求してくることも想定する必要があるということです。

　子供の頃にこのような経験があるのではないでしょうか。お父さんやお母さん、おじいちゃんおばあちゃんに、誕生日やクリスマスでもない時に、
　　「友達がみんな持っているからこのゲーム買って！」
　と、スーパーやデパートへ買い物に行ったときに「おねだり」をしたと思います。この「おねだり」こそが懇願であり、受け入れられることが多いのは家族という無二の信頼関係があるからこそ成立したのです。

　「懇願」という手法で交渉をする場合、交渉相手との過去から現在までの関係性が良好かつ信用できるものであるか、将来にわたって協力関係を築くことが出き、信頼できる相手である

ことが重要な条件である方法だということを理解しましょう。

お願い！

３．互いの利益を追求し WIN-WIN の合意点を探す

　「WIN‐WIN」の交渉とは。前項で「WIN‐WIN の関係性」と「LOSE‐WIN の関係性」をお伝えした通り、相手方と相互にメリットがある、または、当初の目的を概ね達成できた交渉のことです。

　この交渉の特徴は、当初の目的である目標を１００％達成するためだけの交渉ではないということです。双方の希望をすり合わせながらお互いメリットがあって損をしない着地点を探す方法ともいえます。

　つまり、相互扶助、相互繁栄を実現するためには、自身の主張、要求を全て通して目標達成するのではなく、相手方の主張、要求を受け入れつつ自らの目標達成を叶えるような合意形成をする交渉をする必要があります。

　「WIN‐WIN」の交渉についても前項のお小遣いを３万円から４万円に 10,000 円の値上げ交渉をする夫を例に解説していきます。

夫　　「小遣いを１万円増やして４万円にしてもらいたいんだけど。」
妻　　「なんで、１万円値上げするの？」
夫　　「同僚や部下との飲食代がかかるから…。」
妻　　「同僚や部下との飲食代は割り勘にすれば…。」
夫　　「なるべく、割り勘にするよ。日曜日の家事は引き受けるから値上げしてくれる？」
妻　　「それは助かるわ！買い物もたまに行ってくれるなら！」

　　夫　　　「わかったよ！ありがとう！」

　このように、自分の要求、主張を伝え目標を達成するために、相手のメリットのある提案や相手の要求や主張も受け入れることでお互い、または、どちらか一方だけが大きな損失を被らない WIN‐WIN の合意点を探します。

　とはいえ、自分と相手方の双方が一定以上の利益を得られる結論を導き出すための交渉であっても、双方にとって譲れない、死守すべき利益や目標がある中ではスムーズに交渉が進まないことも頻繁におこります。このような場合は、何度も合意点を探り、時には双方が自らの主張や目標の達成点を修正することで、相手方の利益に配慮しながら交渉が進められます。
　ビジネスにおいて、B to B とよばれる企業間取引の場合、半年から数年の期間取引を継続する場合など、どちらか一方にとって不利益な状態では継続することが難しくなります。したがって、相手のメリットを探りながら、交渉過程において様々な提案が必要となります。

　「WIN‐WIN の交渉」とは、信頼関係を重視して継続的に取引を行えるように相互の合意点を見出すための交渉です。ビジネスにおいては、この手法を使うことが多くなります。

　彼はお小遣いアップできたのでしょうか？

第 2 章

互いの利益を
追求した交渉

01 同じ目的を達成する仲間

1．相手は敵ではない

　みなさんご存じの通り、営業・セールスをする上での交渉相手はもちろんお客様です。

　営業担当の中には交渉相手＝敵というような認識を持ってしまっている人が少なくありません。ひょっとしたら、そのような営業担当の中には、契約、受注などの成果、実績に対して「勝ち負け」のといった価値観を持っている方がいるのかもしれません。

　　契約、受注　＝　　勝ち
　　契約破談、失注　＝　　負け

　契約などの成果、実績に対してどん欲な姿勢で臨むことは素晴らしいですが、「勝ち負け」という判断基準になると、契約が取れれば何でもよいとなってしまいます。これは、言い換えると相手方の要求や主張を受け入れることが少ない、一方的な交渉になってしまう恐れがあります。

　本書では、契約、受注またはお客様との関係性を良好かつ円滑なものとするために必要な交渉する力を学んでいきます。交渉における相手方は、敵ではありません。ビジネスの場において、相互扶助、相互繁栄を目指す相手方は、同じ目的を達成するための仲間といえます。
　もし、あなたがビジネスにおいて「敵、味方」や「勝ち、負け」という価値観や判断基準を持っているのであれば、少し視点を変えて物事を考えてみてください。
　ビジネスの場における敵は、交渉相手のお客様ではなく、交渉の合意に対して妨げとなっている「問題や課題」、あるいは、交渉相手であるお客様自身が持つ「問題や課題」です。

　このことを、次のように例を挙げて説明してみます。

　あなたはジムのトレーナーだとします。そのジムに入会を希望している後藤さんという方が入会金、年会費が高額ということで迷っています。後藤さんは仕事柄食事をする時間がバラバラで、休みの日は部屋でゴロゴロしていて運動不足です。

　ここでの交渉相手は「入会を迷っている後藤さん」です。
　そして、交渉や合意の妨げとなっている問題や課題は、「高額な入会金、年会費」、「悩む後藤さん」であり、お客様の持つ問題、課題は「運動不足」です。
　もし、お客様が敵、成果を勝ち負けと判断すれば、このケースの場合、「悩む後藤さん」はあ

なたの敵であり、後藤さんからみると「高額な入会金、年会費」を取るあなたは敵ということになります。なんだかおかしな話です。何故なら、商品・サービスを提供するあなたと、商品・サービスを欲する後藤さんが、互いを敵と思っている状況で、「相手方の商品・サービス」を良いものとは思えないはずです。良いものと思わないお客様は商品・サービスに対してお金をはらうとなれば「安くしてほしい」、あなたは入会してくれないお客様に対して誠心誠意応対できない、成果が出ないのはお客様のせいだと感じるといった、悪循環に陥ってしまいます。

　このケースの場合、交渉相手である「後藤さんが入会を迷っている」のは、交渉の妨げになる問題・課題が解決していないからです。ここでの問題・課題とは、

　　「高額な入会金、年会費」
　　「悩む後藤さんの性格」
　　「運動不足」

の３つです。つまり、交渉の場における敵であり、その中に本当に解決しなければならない「真の敵」がいます。真の敵を解決するため、協力者すなわち交渉相手となるのが後藤さんです。そして、後藤さんにとっても、交渉相手であるあなたが課題解決の協力者つまり、仲間ということになります。

　このケースでの「真の敵」は、「運動不足」です。あなたと後藤さんは運動不足解消のために何ができるかという話し合いの上で、相互が納得できる条件を交渉して合意することになります。

　また、別の例を挙げてみます。加藤さんという方が病気になり、治療について病院の先生と話し合いをしているとします。

　　「どんな治療をしていくのか？」
　　「予算はどれくらいなのか？」
　　「仕事はどれくらい休めるのか？」

などと相談をしています。この場合、先生から見た交渉相手は加藤さんです。
　問題・課題は病気です。しかし、病院の先生は加藤さんと交渉をしている認識のはずです。
　何故なら、病院の先生は、治療を商品の販売やサービスと同様なものとしてお客様である患者に提供しているという認識がなく、医者と患者という対立軸になっているからです。

　不思議なことに立場や状況が変わると【交渉】の印象もガラリと変わります。

　【交渉】という言葉がドラマや映画などの影響からか、難しく、堅苦しいイメージになってしまっているのを私自身も感じておりますが、【交渉】は生活においてわりと日常的に行われているのです。

　そして、交渉を行う双方が合意し得るは、交渉によってどのような問題や課題を解決したいのかを明確にできているかによります。相互に解決すべき問題や課題が明確になった時、交渉

相手は敵ではなく相互に協力し、難題に立ち向かう「良き協力者」、すなわち仲間となるはずです。

治療方針の相談も交渉

２．利益を与える

　前項で、交渉の相手方を仲間という考えを示しましたが、ビジネスの場では、その仲間から利益を得ることが目的になっています。つまり、交渉の相手とは、仲間であり利益を得るための相手でもあります。

　仲間から利益を得るには、相手方に不利な条件であっても納得を得られる交渉が必要になります。それを実現するためにも必要なのが、「利益を与える」ことです。

　この項で述べることは、皆さんが今後【交渉】を有利に進めていく上で効果的な方法なのでぜひ、習得してください。

　では、「利益を与える」とはどういうことでしょうか？利益とは、もちろん「お金」の場合もあります。多くの場合は、相手が納得できる価値のある「条件」または「サービス」を提供することになるでしょう。

　第一章に出てきた、小遣いを上げてもらう交渉にもありましたが、小遣いを上げてもらう代わりに休みの日に家事や買い物を手伝うといった内容でした。一般的な家庭では、夫の小遣いを増やすということは、家庭にとっては限られた収入（可処分所得）から出すわけですから家計の一大事ともいえます。家計を預かる立場の妻も、簡単には首を縦に振らないことでしょう。

　ただ、交渉内容によって相手方に利益がある場合には受け入れられるかもしれません。

　この事例の場合、単純に「家事を手伝ってくれてラッキー！」と、いう妻もいれば、働いている妻だとすると、家事を手伝ってくれる時間が増えれば仕事に入れる時間を増やせるかもしれ

ない、もしくは、普段、ゆっくりと趣味などに時間を費やせない場合は余暇を楽しむための出費ととらえるかもしれません。このように、提案する内容によっては家庭の収入を増やすことに繋がる場合や、業者に依頼しなければならないような家事を夫が請け負ってくれるのであれば、結果として、夫のお小遣いを増やしたとしても妻にとっては得した気持ちが生まれるのです。しかし、実際には夫のお小遣いを毎月増やしても、夫が休日の家事を必ず実行することは難しいかもしれません。出張や休日出勤などがあれば、休日の家事は妻の仕事になるからです。

　つまり、夫の仲間である妻から「小遣い」という利益を獲得し、妻には休日の家事から解放される見込みという若干不利な条件を提示しているにもかかわらず、不利益と感じていない「利益を与える」交渉を実現した結果です。

　同じように、一般消費者をターゲットにした営業において、「利益を与える」交渉の代表的なモノに「景品商法」というものがあります。こんなフレーズを耳にすることや、見かけたことがあるのではないでしょうか?

「今回、ご契約いただいた先着１０名様に商品券をプレゼントしております!」
「このキャンペーン期間中、ご契約のお客様には、３年保証が無料でついてきます!」

看板広告、ネット広告や、テレビショッピングなどの営業フレーズでよく使われる表現ですね。

　交渉の条件として、または交渉過程において相手の承諾する意思をより強固なものにするため、こちらの希望に沿ってくれる代わりに交渉相手やお客様が喜ぶ、または、満足する利益を提供することが【交渉】を有利に進めていくカギになってきます。

　ただし、「利益を与えて交渉を有利に進める」方法には、いくつか注意すべき点があります。それば、「ニーズ」と「バランス」です。

　利益を与える交渉をするうえで考慮すべきは、提供するものが相手の利益になるものであっても、直接的または短期的に利益にならないものや、お客様が求めていないものを提供しても効果を発揮しにくくなるということです。

　例えば、交渉の相手方や、お客様が女性であった場合などに「接待」や「ビール券プレゼント!」など、男性が喜びそうなものを提供しても受け入れられにくくなります。場合によっては、気の利かない相手とみられてしまうかもしれません。

　また、B to Bの取引においては、相手方が興味、関心があるといっても個人的に金品を供与することは「賄賂」ととられる可能性や、企業によってコンプライアンス違反となる場合もあり十分に留意する必要があります。

　B to B取引で交渉相手に利益を与える場合は、取引契約における条件の譲歩や、相手側が絶対に譲れない点を可能な限り受け入れるという対応が多く見受けられます。一方で、B to C取引の場合は、お客様が求める、または、お得と感じる特典をつけるなど、顧客ターゲットを十分に見極めることが重要になってきます。

　次に考えなければならないことに「バランス」があります。よく、物事にはバランス感覚が

必要などといいますが、交渉の過程で相手方に対して一定の利益を付与する場合、与える利益が大きすぎれば自身の利益を損なう可能性があります。また、与える利益が少なすぎる場合においては、相手方に不快感を与えることに繋がる恐れもあります。つまり、交渉によって自身が得たいと思う最終目標を叶えるため、必要最低限かつ相手方が満足するように交渉を進めるというバランス感覚が重要となってきます。

　また、Ｂ to Ｃ取引などで過剰なサービスや景品などで、お客様の興味・関心を引き購買意欲を促進させる方法をとるケースがあります。極端な例ですが、５０，０００円の商品（または、サービス）の購入に対して、

　「本日に限り、一人１５，０００円分の商品券プレゼント」

などと提示した場合「訳ありなのか？」、「そもそも、原価はいくらなのか？」と不信感を与えてしまいます。また、不当に高額な利益の供与（サービスや景品の付与）は、「不当景品類及び不当表示防止法」という法律に抵触することにもなります。

　お客様との【交渉】において相手方に利益を与えるというのは効果がありますが、どんな内容の利益をどれくらい与えることが効果的かは充分に検討する必要があることを理解してください。

利益を見極める

02 納期を延長？減額？

　前項では、目標達成に向けて、相手方に「利益を与える」という交渉の手法があることを説明しました。ここでいう利益とは本当の「金銭」ではなく、金銭的価値のある「条件」や「サービス」の事です。

　一方、金銭的価値のある「条件」や「サービス」のほかに、納期の延長や、取引価格の減額（いわゆる値引き）というような手法を使って【交渉】を成立させる方法があります。

　まず、交渉の手法として納期の延長を使う例を見てみましょう。
あなたが、印刷屋の池田さんにチラシのデザイン製作と印刷を依頼しようとしたとします。見積金額は、１００，０００円でしたが、あなたの支出できる予算は８５，０００円しかありませんでした。見積金額以下での受注はできないと難色を示す印刷屋の池田さんに対して粘り強く価格交渉をした結果、３ケ月後に数量限定で引き受けてもらえることになりました。

　通常、受注から１ケ月程度で納品する業務体制の印刷屋の池田さんにすれば、値引きを前提とした受注を受ける必要は全くないのですが、納期に大幅な猶予を持ち対応することでコストを下げることが可能になるのです。

　このように通常よりも時間的猶予を相手方に提示することで、コストを抑えるなどの交渉をして目標を達成することができます。

　ただし、このような時間的猶予を与える交渉で気を付けるべき点として、相手方の管理体制がしっかりしているかを見極める必要があります。しっかりと生産計画の管理ができない会社に依頼すると、納期になっても「間に合いません。」というようなトラブルの恐れがあるからです。

　一方、納期の延長という時間的猶予を与える手法や、通常の価格よりも安価で仕事を依頼する手法はトラブル回避の目的で使われることもあります。
印刷屋が、機器のトラブル、または、何らかの不具合によりチラシの出来栄えが発注元の指示と微妙な相違がある場合など、再度、印刷を掛けていては時間的にもコスト的にも大幅なロスが出ると判断した場合です。この場合、発注元に対して価格を減額することを条件に、微妙な相違を受け入れてもらうという逸失利益を分かち合うことになります。

　このような事例も、実際のビジネスの場では多く見受けられますが、注意すべき点としては、発注元の相手方が、ペナルティー的な意味合いを含め提示した条件以上の価格の減額を求めてくるケースや、安易に価格の減額を提示したことで後々の取引価格に影響が出る恐れがあるところです。

　納期延長や価格の減額といった手法は、交渉相手と将来的に友好的かつ協力的な関係性を維

持できるかを十分に見極め、適切なタイミングで使うことをお勧めします。

落とし所をみつけていく

　また、取引価格の減額ではなく増額によって交渉をするというケースもあります。
　いわゆる、割増料金の事です。
　例えば、皆さんが普段使用しているスマートフォンやタブレットなどが故障した際、修理対応が可能なお店に持ち込むと、

「料金　　　、〇〇円」
「特急料金、〇〇円（当日仕上げ）」

などと書かれた価格表を見たことがあるはずです。そのほかの事例では、インターネット通信販売で商品を購入した際に、割増料金を支払うことで、翌日配送や当日配送が可能になるなどがあります。

　この割増料金を支払う増額交渉も、相手方が信頼できるか否かによって得られる成果が変わってきます。交渉相手が友好的かつ協力的でない場合、取引価格を増額しても満足なサービスが供給されないということになります。

　改めて、納期設定による交渉、取引価格の増減額による交渉を行う際は、交渉相手との関係性を重視するということを覚えておいてください。

　交渉により、お互いが納得できる着地点を見つけることで双方の満足に繋がります。

急ぎの仕事なら増額も

第 3 章

交渉の進め方
（基本編）

01　自分の要望

１．決して譲れないものはなにか？

　ここまでの話で、ビジネスにおいて互いの利益を追求し WIN-WIN の合意点を見つける【交渉】が最も有効だということをわかっていただけたのではないでしょうか。

　それでは実際に【交渉】に入る前にやることは、交渉の過程および結果において決して譲れないものが何であるかを明確にすることです。とはいえ、交渉を始める前から何が譲れて、何が譲れないか、決めかねるという方も多いのではないでしょうか？

　そのような場合、交渉において双方が納得して契約を締結するための条件を全て列記し、重要度の順位付けをします。その中で、優先順位や重要度の低いものは交渉の過程で譲歩することが可能であるといえます。

　例えば、あなたが住宅リフォームの営業をしているとします。新規のお客様に対して、リフォームの提案として、キッチン、トイレ、お風呂など、水回りの内装の入れ替え提案をする場合、契約を取る、または、成約したい事案には優先順位があるはずです。まず、工事契約に関わる事案全てを書き出すことで、

　「絶対に契約、成約したいもの」
　「次のリフォーム提案に変更してもよいもの」
　「施工に関わる重要事項」
　「今回、契約が取れなくても構わないもの」

と、営業を提案する上での優先順位が現れるはずです。交渉において、何が譲れて何が譲れないかを考え、整理するために、まずは書き出してみることをお勧めします。

水回り内装リフォーム提案の内容
　①　キッチンのリフォームの契約
　②　トイレのリフォームの契約
　③　お風呂のリフォームの契約
　④　販売価格（正規価格？割引価格？）
　⑤　契約いただける日程
　⑥　お支払い方法（先払い？後払い？現金？分割？など）
　⑦　工事の大まかな日程
　⑧　工事の工程（何日で仕上げるか？）

あなたが想定する交渉すべき項目かつ、契約を受注して利益を確保するためにすべきことは、概ねこんな感じの内容かと思います。

これらの項目の中で、営業として契約を受注して利益を確保するために決して譲れないものはどれでしょうか？前述の通り、「絶対に契約、成約したいもの」、「次のリフォーム提案に変更してもよいもの」、「施工に関わる重要事項」、「今回、契約が取れなくても構わないもの」と、色々な判断基準を基に考えると、譲れないものは1つとは限りません。

交渉の過程において、譲れるものと譲れないものを決める判断は、交渉の目的である利益確保の目標達成を成し遂げることができるか否かによります。あなたが住宅リフォームの営業としてお客様と友好的かつ継続的な関係を築くことができれば、将来にわたって受注することができ、長期間の利益確保が可能になると判断できれば、慌てて全ての契約を締結しようとする必要はないのです。

交渉に入る前に、譲れないものと譲れるものを明確にする際は、お客様との関係性と案件の収益性を、短期的、中長期的それぞれの視点で考えるとよいでしょう。

総合的に判断して譲れないポイントを決めます

2. 欲を出すことは危険

営業担当の中にはどうしても欲を出してしまう方がいます。交渉の過程で相手方からの反応や評価が高く、提案内容に対して共感、同調してもらえるため、過剰な提案や契約を相手方に要求してしまうなどです。この場合、相手方が納得して契約をするのですから何ら問題はないはずが、ついつい過剰な提案や契約を要求したために相手方が翻意してしまい、結果的に交渉が不調に終わるなどという事態を招く恐れもあります。利益を出すためにより多くの契約を締結することは必要ですが、過剰な、つまり「欲を出す」ことは注意が必要です。

　前述の水回り内装リフォームの事例を基に、「欲を出さない」、過剰な提案や契約を要求しないことを確認します。

水回り内装リフォーム提案の内容
　　①　キッチンのリフォームの契約
　　②　トイレのリフォームの契約
　　③　お風呂のリフォームの契約
　　④　販売価格（正規価格？割引価格？）
　　⑤　契約いただける日程
　　⑥　お支払い方法（先払い？後払い？現金？分割？など）
　　⑦　工事の大まかな日程
　　⑧　工事の工程（何日で仕上げるか？）

　ここでは、お客様との交渉において、下線の４箇所を「譲れないもの」つまり、必ず契約を締結したい提案と仮定して進めていきましょう。
　水回り内装リフォームの提案①～⑧の項目でポイントとなるのは、①キッチンのリフォームの契約と②トイレのリフォームの契約を「譲れないもの」（必ず成約したいもの）に入れていないことです。もちろん、営業として契約を諦めたり、拘らないというわけではありません。キッチンのリフォームとトイレのリフォームという二つの契約に対して、あえて成約することに拘らないというのはお客様と良好かつ、継続的な関係性を築くために、一度の契約で欲張りすぎないという判断によるものです。
　ここでは、「水回り内装リフォームをご契約いただくことは譲れない（必ず成約に結び付けたい）」ので、お客様が納得し、予算の無理をすることなく契約してもらうことを最終目標としているからです。なぜなら、水回りは毎日使う場所であり、リフォーム後のメンテナンスやアフターフォローも必要になります。そのことを考えれば、一度に全ての契約を完了させるより、数回に分けて提案、成約をすることでお客様とのお付き合い、良好な関係性を築くことで、予算の増加や、提案内容をグレードアップさせることができ、当初の利益見込みよりも大きな収益を得ることができるからです。

　ここで営業が実績をあげたいという思いから「欲を出し」、キッチン、トイレ、お風呂３箇所全てを契約していただくべく交渉した結果、成約ができたとしても様々な問題や条件における譲歩が生じたりします。例えば、お客様の予算や工事規模の大きさによる日程の調整により、④の販売価格や⑤の契約いただける日程または、⑧の工事の工程など、提案している内容がお客様の要望に合わせて無理をしなければならなくなる可能性があるからです。

　皆さんも、今までお客様の立場で高額な商品をいくつかまとめて購入したとき、

　「これだけの大口購入なので、値段を少しお値打ちにしてください。」

と、相手に価格の減額を要求したことがあるかもしれません。もしくは、大口の商品を購入して、商品や配送の手配をするため、即時納入が難しいので数日後から数週間後の納品になると伝えられた場合、

　　「これだけの大口購入なので、少しは便宜を図ってください。」

などと、納期面などで希望が通るように要求、交渉したことがあるのではないでしょうか。結果的に、お客様の要求に応じて割増手数料を支払うなどして対応するケースがほとんどであるはずです。

　このようなケースを先程の水回り内装リフォームの提案に当てはめてみましょう。
　お客様に、営業の提案する全ての契約をしていただいた結果、お客様の予算からオーバーしてしまった場合、

　　お客様　「予算をオーバーしてしまうので、お金の工面ができてからの契約でもいいですか？」

など、契約できる日が先送りとなってしまう可能性があります。営業としては、実績の確保ができないという問題に直面することになります。
　または、先に述べた大口購入の例のように、お客様から「価格の減額」や「工期の早期完了」などを条件として言われるかもしれません。
　営業としてお客様と時間をかけて交渉し、提案から契約、成約へと進むうえで、最後の最後で交渉の目的である「利益の確保」を逃すことは避けなければなりません。

　交渉において、相手方と何度も接点を持つことで親近感や、親密感が増し、交渉内容に対する合意に向けて加速していくことがあります。これは、「ザイオンス効果」の影響によると考えることができます。
　この時に注意すべきことは、一旦立ち止まって冷静になる、第三者的視点、発想で振り返るということです。なぜなら、「ザイオンス効果」によって相手に親近感をもっているため営業としての視野が狭くなってしまうことがあります。そうすると、交渉の相手方にとって最善な提案は何か？「譲れないもの」と「譲れるもの」の境界線はどこか？など、契約で明確にするべき点が曖昧になってしまうからです

　交渉の目的を達成する、営業としての最終目標である「利益の確保」ばかりに注力してしまうことを、「欲を出す」という表現でお伝えしました。そして、お客様との良好で継続的な関係性を維持するため、相手の立場に立って交渉内容を見直すことも営業の基本の1つになることを理解しましょう。

　「欲を出さずに本当に譲れないものを見極めていく」ことは、【交渉】を進めるうえでの基本ともいえます。

本当に譲れないものを見極める

３．優先順位を明確に

　前項では、交渉の過程、結果において決して譲れないものが何であるかを明確にする必要があることを理解できたはずです。譲れないものを決めたら、次に決めなければならないのは、「優先順位」となります。

　この項では、交渉における「優先順位」の決定について説明していきます。

　まず、何故、交渉において優先順位を決める必要があるかを考えてみましょう。それは、順序を明確にしていない交渉では物事の辻褄が合わなくなり全て差し戻しというような結果になる恐れがあるからです。

　例えば、皆さんがお客様と交渉をするときに、詳しい案件の内容を把握せず、相手方の言い分のみを聞いて「価格」を決定したりするでしょうか？また、案件の規模や工数やボリュームを把握せずに大体の経験則だけで「納期」や「工期」を決定したりするでしょうか？曖昧な情報だけで、「価格」や「納期」といった取引における最重要事項を決めたりすることはないはずです。

　仮に、営業がお客様に「見栄を張って」安請け合いをしたとしても、会社に戻り上司や先輩に報告したとたん、

　「そんな契約内容は決裁できない」

と、一蹴されお客様に対して平身低頭お詫びをしなければならない事態になるはずです。場合

によっては、上司ともども手土産持参でお詫びに行く、などという事にもなりかねません。上司と一緒に謝罪して済めば大きな問題にはなりません。しかし、案件の規模や、相手方の事情などで、会社同士の取引にまで影響が出ることもあります。

　交渉における「優先順位」は、非常に重要な要素であることを理解しましょう。

　交渉の優先順位を考えるため、先程の水回り内装リフォームの提案を例に考えてみます。

水回り内装リフォーム提案の内容
　　①　　キッチンのリフォームの契約
　　②　　トイレのリフォームの契約
　　③　　お風呂のリフォームの契約
　　④　　販売価格（正規価格？割引価格？）
　　⑤　　契約いただける日程
　　⑥　　お支払い方法（先払い？後払い？現金？分割？など）
　　⑦　　工事の大まかな日程
　　⑧　　工事の工程（何日で仕上げるか？）

　営業が、まずすべきことは相手方の要望に対する自社の提案内容と、概算価格と概算納期の提示です。そして、相手方の要求事項と概算予算の再確認です。この時点で大幅な乖離があれば、そもそも提案内容を見直さなければなりません。

今回のケースは、お客様の要求事項として
「予算が満額確保できないので、予算内でできる最大限のリフォームをしたい」
と、確認できたとします。その条件に見合う予算でできるリフォームは「お風呂のリフォーム」であり、他の場所のリフォームは、予算確保の目途が付いたのちに着手することを「合意」します。

水回り内装リフォーム提案の内容
　　①　　キッチンのリフォームの契約　　⇒　　今回の提案から除却
　　②　　トイレのリフォームの契約　　　⇒　　今回の提案から除却
　　③　　お風呂のリフォームの契約
　　④　　販売価格（正規価格？割引価格？）
　　⑤　　契約いただける日程
　　⑥　　お支払い方法（先払い？後払い？現金？分割？など）
　　⑦　　工事の大まかな日程
　　⑧　　工事の工程（何日で仕上げるか？）

このように、優先事項を決める前に、相手方であるお客様の条件を再確認することで当初の提案が大きく変更となります。場合によっては、提案内容の全てを見直すケースも出てきます。

　そして、次のステップは契約の決定日（または、予定日）を確認することです。業界や業種によって違いはありますが、一般的にどの企業も自社で在庫や資材を大量に保有しているケースは少なく契約が確定してから、または、確定見込みを基に発注・仕入れ手配をするためです。

　契約の決定日が、その後の工程に大きな影響を及ぼすことを覚えておきましょう。

　　③　　　お風呂のリフォームの契約
　　⑤　　　契約いただける日程

　契約の内容と契約決定日を確定したら、次は「価格」について交渉をします。
前述の通り、契約が決定したのち商品や資材を発注・仕入れ手配をするため、時価相場など価格変動に準じた「取引価格」を協議交渉します。

　　④　　　販売価格（正規価格？割引価格？）

　「取引価格」が決まれば、次は「納期」です。全ての取引において、価格と納期は連動しています。第２章でお伝えしたように、納期の短縮や延長で、価格の上げ下げを交渉できるということです。

　　⑦　　　工事の大まかな日程
　　⑧　　　工事の工程（何日で仕上げるか？）

　そして、最後に確認するのがお支払いの条件です。決済条件ともいわれています。今回の事例は、B to C 取引を参考としているため、最終確認になっていますが、B to B 取引の場合は、優先事項の一番に来るケースもあります。企業ごとにルールを決めている場合もあるので、上司、先輩にしっかりと確認するのがいいでしょう。

　　⑥　　　お支払い方法（先払い？後払い？現金？分割？など）

　交渉における「優先順位」の考え方は、契約、成約後に商品・サービスを使うところまで考えて決めていきます。決定した優先順位が適切であったか否かは、お客様がどれだけ満足するかによって決まります。そして、その満足度が高ければ高いほど、営業とお客様の間に良好かつ継続的な関係性を築くことが可能になります。

　もちろん、お客様のニーズや会社の方針など、状況により優先順位は変わってきます。それぞれのケースにおいて、都度、効果的な優先順位を決めて交渉に臨むようにしましょう。

状況に応じて優先順位を考える

02　相手の要望

1．表面上の要望ではなく本質を見極める

　交渉の進め方として、自身の目的を達成するために、「譲れないもの（利益を確保）」の取捨選択、そして、利益を確定させるための交渉の優先順位を説明してきました。その中で、お客様の要求や条件を確認して、納得できる提案をすることが自身の目的を達成することと繋がることが理解できたはずです。

　本項では、交渉の相手方であるお客様の要望を的確に把握するためのヒアリング（聴き取り）をしていく上で必要なこと、注意すべきことは何かを説明していきます。

　皆さんは、営業としてお客様との打合せや商談を進めていく、もしくは様々な条件下で交渉をしていく中で、お客様の意見や要求に矛盾点、腑に落ちないと思う点や違和感を覚えたことはないでしょうか？これは、B to B 取引でも、B to C 取引の場合でも、起こりうることです。

　営業の立場として、積極的にお客様の要望や条件に応えるべく様々な知恵を絞り、妙手ともいえるアイデアを出し、お客様から

　「契約をお願いします。」

という一言を得ようと頑張っても、話が好転しない。このような場合、取引先やお客様は本音で会話をしていない可能性が高いといえます。つまり、「腹の内」をみせていない、様子見をしている状態といえます。

　この様子見をしている状態のとき、お客様が「本音の要求」や「希望の条件」をいっていると受け取った時に、前述の意見や要求の矛盾点や、違和感に直面するのです。

プレゼンにおける違和感の反応

　それでは、前項と同じように水回り内装リフォームの事例で、矛盾点や違和感の正体を説明してみましょう。

　お客様に対して水回り内装リフォームの見積もりと提案一式を提示したところ、予想よりも高額、または、納期がかなりかかるとネガティブに捉えたお客様の反応として

　「予想していたよりも高い」

と、思ったとしても率直に「高い」とは言わず、遠回しな言い方で予想外であることを伝えることが多くあります。
このようなときに聞き逃してはならないフレーズとして、いくつか紹介します。

「結構、するんですね？」
「相場価格は、大体これくらいですか？」
「御社は同業の中でもお値打ちですか？」
「やはり、大掛かりな分だけ納期は長くなりますね？」
「納期を短縮することは難しいでしょうか？」

と、いうようにあなたの提示した提案や見積もりに対して、「肯定的な疑問」を投げかけてきます。交渉において、相手の要求や条件のヒアリングをする際に必要なことは、どのような形であれ「疑問」投げかけてきたときに、聞き漏らすことなく応対する必要があるということです。何故なら、取引先やお客様は、ある時思い立ってあなたに見積もりを依頼したのではないからです。見積もりを依頼しよう、提案を聞いてみたいと発信する前に、取引先やお客様はある程度の情報は事前に独自収集していることがほとんどです。つまり、取引先やお客様があなたの提案や見積もりに対して、ある程度は肯定的に受け止めていながら、「？」という疑問形になるのは、自身の収集した情報との乖離が大きいと感じているからです。

　このようなとき、営業がとる応対には大きく分けて二通りあります。
　一つは、取引先やお客様からの疑問形の回答に対して、営業の提案や見積もりに対して「何が問題なのか？」、「想定していた提案や見積もりに対して納得できないことはあるのか？」など、詳細をヒアリングしていきます。ここで注意する点としては、相手方から意見、質問が出ないケースもありますが、意見、質問がなかったので「納得してくれた」と思わずにしっかりと確認します。
　確認の方法として、自身の提案、見積もりを一つずつ確認していくとよいでしょう。
　もう一つの応対として、取引先やお客様の疑問形の回答に対して、提案や見積もりの優位性やお客様に対するメリットを細部にわたって説明することで納得、承諾させるという応対です。
　この応対は、論理的に疑問点や質問に対して答えることで相手方に対して納得、承諾を得ていくので、細部にわたり情報を提供する必要があります。この応対をした時に注意することは、論理的に説明、回答するので相手方から意見や希望、条件を発信する場を奪う恐れがあることです。何を言っても、立て板に水のようにスラスラと反論されてしまえば、相手方は黙るしか

ない、となってしまい本音を知ることができなくなります。

　論理的に説明、回答する際には「一般論としての意見」、「自社の提案」を伝えるのと同じように、相手方の意見や質問を織り込んだうえで回答するとよいでしょう。

　このように、取引先やお客様の疑問や質問を解消し、その内容を提案や見積もりに織り込む作業をするために、相手方の要望のヒアリングを徹底する必要があります。

　ヒアリングは、文字通り「聴く」という作業ですが、単に意見、要望や質問を「聴く」だけではなく相手方の表情、態度、声の質などの情報を集約して、「聴きだす」ことが重要になります。

　ヒアリングを行うことで、取引先やお客様の交渉における「譲れないモノ」を聴きだしたうえで、優先順位を整理して解決策を提示することで、要望の本質、本音を見極めていきます。

順位を明確に

２．価値観・判断基準

　お客様の本音である「譲れないもの」や「優先順位」のヒアリングをする際に、態度、表情、声の質など多角的に情報を収集していくことが重要と説明しました。

　多角的情報を基に相手方の反応を見ることと同様に情報収集すべきポイントとして、相手方である取引先、お客様の物事に対する「価値観」や「判断基準」を知ることです。

　交渉の際に様々な角度、視点からヒアリングをしていくうちに、そのお客様の判断基準・価値観が明確になるはずです。

　「価値観」や「判断基準」は人それぞれです。例えば、仕事の実績や内容よりも企業規模の大

きさや知名度を重視するタイプの人や、兎に角、営業や工事作業にあたる担当者の人柄を重視してビジネス以外でも接点を持てるかを重視する人など、まさに千差万別です。

　水回り内装リフォームの事例にあった「お風呂のリフォーム」を基に考えてみると、

　　「お風呂のリフォームの契約」
　　・販売価格（正規価格？値引き？）
　　・契約いただける日程
　　・お支払い方法（先払い？後払い？現金？分割？など）
　　・工事の工程（何日で仕上げるか？）

　価格を判断基準にする方、お金の支払い条件（支払い方法に対する柔軟な対応）を重視する方、工事の日程を重視する方と、まさに様々です。

　このことを表すたとえ話としてよく使われるのが「コップ半分の水」の話です。
コップに半分の水が入っているのを見て、「まだ半分も水がある」と考える人と、「もう半分しかない」と考える人がいて、それぞれ何故そう考えるのか理由があります。
　「まだ半分も水がある」と考える人は、楽観的といわれます。「もう半分しかない」と考える人は悲観的ともいわれています。楽観的がいいとか、悲観的がダメという事ではなく、そう考える人が存在するということです。

まだ、半分ある！　　　　　　あと、半分しかない！

価値観の相違

　このように「価値観」や「判断基準」は人によって変わる属人的要素です。人によって変わる理由は、その人がどのような経験や知識を得てきたかという人格形成の背景に依存する場合がほとんどです。

　交渉をする相手方の「価値観」や「判断基準」に合わせて提案や見積もりをするために、事前に取引相手の経歴などを調べておくことも重要になります。また、交渉が始まってから得た情

報を基に軌道修正をすることも必要になります。

　ヒアリングを行う際、表面的な情報収集だけではなく、交渉の相手方の内面をしっかりと把握してどのような価値観を持っているのか？何を判断基準にするのかを知れば、交渉をより早く、有利に進めることができるでしょう。

価値観に気づく

03 双方の要望のすり合わせ

1．自分・相手の要望の見える化

　さて、ここまで交渉の進め方における基本編として、自分と相手の要望を明確にするため自身の目標達成と相手の目標達成のため、「譲れないもの」と「譲れるもの」を明確にしてきました。そして、交渉における相互の要望が出そろった時点で、表などに書いて見える化してみましょう。

	譲れないもの	譲れるもの
自分	お風呂のリフォームの契約 当日の契約 正規金額での販売 工事は施工管理者が指揮監督	工事工程 キッチンのリフォームの契約 トイレのリフォームの契約 お支払い方法
相手	風呂はどうしても新しくしたい 営業担当者の工事の立ち会い 支払いは工事後一括払い	トイレのリフォームの契約 キッチンのリフォームの契約 当日の契約

　このように一覧表にして見える化をしてみると、交渉においてお互いに、「何を求めているか」、「何は譲歩できるのか」を簡単に把握することができます。そして、表の中で自身と相手の相互に合致している点は、時間をかけて交渉をするべき事案から外すことが可能となります。
　結果として、交渉するべき事項を絞り込み、よりスピーディーかつ効率的に行うことが可能となります。もちろん、実際の【交渉】を行う際に、このような一覧表を提示して相手方と話ができるケースは多くありませんが、交渉における情報整理には有効な方法です。

　【交渉】を進めていく過程で情報が変更になる度、一覧表を更新していけば相手方と要望、条件の認識の相違をなくすことができます。

2．トレードオフ（相手に譲るもの）

　前項のように交渉における要望の一覧表を作成したら、交渉の相手方に「譲れるもの」を優先的に譲る、または譲歩の姿勢を示していきます。
　交渉におけるこの手法を「トレードオフ」と呼んだりもします。トレードオフ（trade off）とは、何かを達成するためには何かを犠牲にしなければならないという関係のこと。つまり、自身の目的を達成するためには「譲れないもの」を確保するため、相手方に「譲れるもの」を提示するということになります。

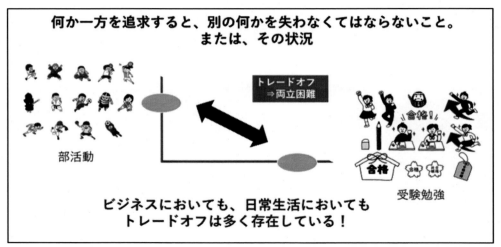

何か一方を追求すると、別の何かを失わなくてはならないこと。
または、その状況

トレードオフ
⇒両立困難

部活動

受験勉強

ビジネスにおいても、日常生活においても
トレードオフは多く存在している！

トレードオフとは

　このトレードオフを実行するにあたり、交渉で相手方の「譲れないもの」と自身の「譲れるもの」が一致していれば全く問題はありません。
　今回の事例では、「支払方法」がこのケースにあたります。相手の譲れないものにある支払い方法は

　「工事後一括払い」

であるのに対して、自身の譲れるものとして「支払方法」があるということは、交渉の相手方の条件に合わせることができるということになります。交渉の相手方に、「支払い条件は提示していただいた『工事後一括払い』でお受けします」と、伝えれば相手方の要望を叶えることになり、心理的にこちら側の提案を受け入れやすくなります。

　次に考えるのは、自身の「譲れるもの」と相手方の「譲れるもの」が一致している場合です。このケースの場合、双方にとって重要度が低い事案となる為、相互の意思確認と簡単な合意を取り付けておけばよいでしょう。そして、交渉の最後の段階で、予算や条件にゆとりがあるようであれば、再度交渉の議題に乗せて自身の利益確保に用いることも可能になります。

　交渉における「トレードオフ」に関して最も注意を払わなければならないのは、自身の「譲れないもの」と相手方の「譲れないもの」が、相反の状態になる場合です。
　今回の事例では、自身の「工事は施工管理者が指揮監督」と、相手方の「営業担当者の工事立ち合い」がこのケースにあたります。トレードオフの考え方では、「工事に関しては直接関与をしない」という「譲れないもの」を得るには、自身の「譲れないもの」から何かを相手に対して譲歩する必要があります。
　この場合、あなた自身が相手方に譲ることができるものとして考えられるのは、「当日の契約」または、「正規金額での販売」ということになります。どちらを選択するかは、その時々の状況により変わるかもしれませんが、相手方が「譲れるもの」に「当日の契約」があるので、あなた

自身が譲歩しても相手方に与えるインパクトは弱くなるかもしれません。結論として、「正規金額での販売」を諦め、いくらかの減額（値引き）をすることで、工事に直接関与しないことを受け入れてもらう事になります。

　交渉において相手に譲ることは、トレードオフの考え方で自身が「譲ることができないもの」を確実に確保するため、他の「譲れないもの」の中から何かを犠牲にしたうえで、最大限の利益確保ができるようにすることです。

　何を確保して、何を犠牲にするかによって、得られる利益が変わることを理解してトレードオフを使い交渉をしましょう。

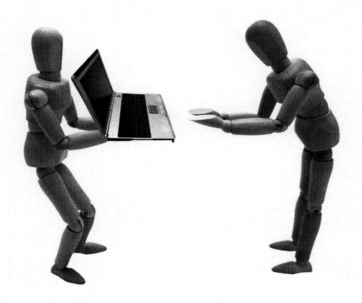

譲る＝トレードオフ

第 4 章

交渉の進め方
（実践編）

01　準備が命運を分ける？

　本書を通して、「交渉」について様々な視点で学んできました。そもそも、交渉とはどのようなことか？交渉をする目的は何か？交渉における相手方との関係性など、多くの事に気づいたのではないでしょうか。

　そして、交渉の目的である最終目標を達成するために必要なことは、個人のプレゼンテーションスキルや、コミュニケーション能力だけではないことも理解できたと思います。

　本章では交渉の進め方（実践編）として、今まで学んできたことを活用して交渉を円滑に行い、自身の利益確保を最大限にするため、何をすべきかを解説していきます。

　利益確保という最終目標を達成するために、あなた自身が行うべきことは次のような手順になります。

① 　事前準備
② 　相手方との事前調整
③ 　提案（プレゼンテーション、見積提示など）
④ 　交渉（要望、条件の合意形成）
⑤ 　契約締結

事前準備から契約締結までには、いくつかの手順があります。実践編では、それぞれの手順で具体的に何をするのか、何故必要なのかを説明していきます。

1．事前準備

「段取り八分、仕事二分」

　皆さんは、この言葉を聞いたことがありますか？ビジネスにおいて、仕事の効率化を図るためによく使われる言葉です。意味としては、事前にきちんとした段取りさえしておけば、仕事の8割方は完了したということです。仕事に取りかかる前に、具体的に仕事を進める手順を決めておけば、それだけ仕事の質とスピードは上がるということを表す、仕事における格言のようなものです。

　ここまで交渉力を強化するため、相手方との関係性の構築、要求と条件の確認、トレードオ

フによる交渉と譲歩などを学んできましたが、これら全ては交渉に至るまでの準備が正しく行われていなければ有効に働くことはないといえます。

　交渉の実践において自身の交渉力を最大限に発揮するため、最も重要なことは当該案件に対する「事前準備」です。

事前準備は綿密に行う

　では、具体的に「事前準備」とは、どの様なことをするのかを水回り内装リフォームの事例を基に説明します。

① リサーチ

　水回り内装リフォームの提案、見積もりをする相手方と同様の案件事例を調査します。

　同様の案件が多くあれば、類似の提案、見積をすることで相手方に事例紹介など具体的な提案をすることができ、交渉時に提示する情報も具体的なモノにすることができます。また、相手方の疑問や質問に対しても、「○○の実例を参考に・・・」というような説明をすることで親近感を持って受け入れてもらう事が可能になります。

　B to C 取引の場合、隣近所で水回り内装リフォームを行った事例などをきけば、安心感を持つと同時に、相手方が行う事前に収集した情報とも整合性が取れるので、交渉時に不安要素を取り除けるという効果も期待できます。

　B to B 取引の場合は、類似案件や同様の大口案件の事例などをリサーチして、提案、見積もりに織り込むことで自社に対する信頼を得ることに繋がります。

　リサーチをする際に注意することとして、交渉の相手方に提示する情報は全て自社の事例で伝えるようにします。他社との比較で自社の優位性を示す方法もありますが、相手方が他社の

商品・サービスに興味を持ち、競合他社を招き入れてしまう可能性があるので注意が必要です。

　リサーチによってどのような情報をお客様に提供していくのかをしっかりと理解しましょう。

② 商品・サービスのメリット、デメリット

　提案、見積などを提示する際に相手方の要望や質問に対して、自社商品・サービスを通して受けられるメリットとデメリットを明確にしておきます。これは、相手方が提案や見積を提示されたとき、どのような要望や質問をするかなどを想定し、それに応対できるようにするということです。

　このメリット、デメリットを明確にする作業も、前述のリサーチした内容が深くかかわってきます。相手方の周辺で同様または類似の案件が多くあれば、その時の事例を参考にすることができます。また、具体的に「○○の事例ではこのような要望、質問がありました。」などと、相手方が気づいていなかったような要望、質問を提示して提案や見積に対する不安を取り除くこともできます。

　商品・サービスで受けられるメリット、デメリットを明確にするという準備は、商品・サービスの事を分かりやすく説明するだけでなく、交渉の相手方の要望、質問を想定したうえで情報提供をするための事前準備ともいえます。

　商品・サービスのメリット、デメリットを明確にして、お客様の立場を理解して顧客満足度を高められる準備をしっかりしましょう。

③ いくつかのパターンを用意する

　事前準備をして交渉に臨んでも、相手方と協議、検討をする中で再検討を必要とする事案や、相手方との調整事項がいくつか発生することは多くあります。そのような時、「次回交渉時までに検討、調整してご提案します。」と、応対することがほとんどです。勿論、この応対が間違いではないので心配する必要はありません。

　しかし、再検討や調整事項が発生するたびにリサーチや、メリット、デメリットを調べなおしては、一つの交渉に膨大な時間と労力をかけることとなり、効率がよいとは言えなくなります。そのため、相手方の要望、質問を想定したうえで、再検討や調整が必要になりそうな事項をまとめ、いくつかの提案、見積パターンを用意しておきます。

　ここでは、自身と相手方の交渉で発生するトレードオフにより、最終目標である利益確保の変動ごとにパターンを用意することが重要です。利益確保が最大になるパターン、利益確保が最小になるパターンなどです。

　いくつかのパターンを事前に用意することで、相手方との交渉時に、トレードオフを考えなければならなくなったとき、何を得て、何を手放すかを早く決断することが可能になります。

提案のパターンを用意する

２．相手方との事前調整

　皆さんは、「根回し」、「下打合せ」といった言葉を聞いたことがありますか？

　ビジネスの場で交渉をする前に、お互いの合意形成ができそうな着地点を探り、大きな問題や解決が難しそうな事例が発生しないか？または、そのような事柄を事前に排除して交渉がよりスムーズに進むようにすることです。もしくは、交渉の相手方の意向を事前に把握し、自身の用意した提案、見積パターンを確実に実現するために予め手を尽くしておくことです。

　前述の水回り内装リフォームの事例で考えると、事前調整をしていく中で、相手方は「営業担当者の工事立ち合い」を強く望んでいることが判明しました。会社として、営業は現場作業に関与しないという方針である以上、相手方に納得してもらう必要があります。

　そのために用意したいくつかの提案、見積パターンで「正規金額での販売」をトレードオフに使い、価格の減額（値引き）提示を組み入れました。この時、あなた自身が様々な決裁判断をできる立場や権限を有していれば問題はありませんが、経営者またはそれに準ずる立場でない限り、減額などという判断はあなたの一存で決めることはできません。また、トレードオフにより交渉をスムーズに進めようとしても、「決裁を仰いでから連絡します。」では、タイミングを逸してしまう可能性があります。

　そうならないために、交渉の相手方が「営業担当者の工事立ち合い」を譲歩する条件は何か事前に把握しておくのです。ただし、注意しなければいけないのが、事前調整は交渉の相手方である直接当事者と行わないということです。

　水回り内装リフォームの場合であれば、交渉の直接の当事者は「決裁」の判断をする夫です。そして、その夫の考え、意向に対して把握でき、軌道修正するアドバイスを送ることができるのは、妻です。なので、事前調整を妻と行えば、夫が納得して合意できる着地点を知ることができます。例えば、「営業担当者の工事立ち合い」を譲歩する条件が、減額だとわかれば、取引価格の減額提示とその理由を会社に説明し、事前に承認、許可を得ておくことができます。

　余談にはなりますが、テレビなどで見る政治家の国会の質疑答弁は、複雑で難解な事案に対する質問に対して、指名された議員が、間髪入れずに淀みなく答える様を思い浮かべることができると思います。あのようにできるのも秘書や官僚が事前に答弁の下打合せをして周到な準備をしているためです。
　「根回し」、「下打合せ」の重要性と、効果を表すお手本ともいえます。

　このように事前調整である「根回し」、「下打合せ」を行うことで、合意形成に至るプロセスを簡略化することが可能となり、交渉をスムーズに進めることができます。

　「将を射んと欲すれば先ず馬を射よ」ということわざのように、交渉の相手方と情報を密に取り合う方としっかり下打合せをしましょう。

事前情報の入手

３．提案（プレゼンテーション）

　ビジネスにおいて交渉をする前に、必ず通過することとして自社または自身の提案と見積もりを論理的に伝えるプレゼンテーションがあります。このプレゼンテーションでいかに、取引

先やお客様の気持ちをつかむかが、後々の交渉を円滑に進めるために重要になります。

　その際、良いプレゼンテーションの資料を作るためには事前にしっかりと構成や論理展開を考えておく必要があります。プレゼンテーション資料の作成や、営業としていかに対処するべきかといった詳細は、本書で多くを説明しませんが、交渉に向けて効果的なプレゼンテーションのため、おさえておくべきポイントを説明します。

　お客様に対して行うプレゼンテーションの目的とは、「相手に自分の意見や情報を伝え、理解し・納得し・行動してもらい、それにより自分の目的を達成すること」です。つまり、自身の目的である最終目標を達成するために行うといえます。そう考えればプレゼンテーションの目的は、交渉の目的と同じであり、プレゼンテーションにおいて提案の細部について理解、納得または承諾してもらえなかった点などを交渉によって解決するということになります。

　本書の冒頭に、交渉はビジネスの場だけでなく、日常生活でもありとあらゆる場面で行われていると伝えましたが、プレゼンテーションも同様にいたるところで行われています。

　つまり、プレゼンテーションと交渉は、対になっていると考えられます。

　プレゼンテーションの成功は交渉を優位かつ円滑に進めることができます。しかし、プレゼンテーションで相手方に不信感を抱かせるような失敗は、交渉で補うことはできません。しっかりと準備をすることをお勧めします。

　プレゼンテーションの一連の流れを図にすると、下のようになります。

　交渉の目的である最終目標を達成するために、相手方にしっかりと提案と見積もりが伝わるよう「目的」と「構成」「論理展開」を検討しましょう。

４．提案と交渉のリハーサル

　取引先やお客様に対する提案と交渉の事前準備が整ったら、次にするべきことはプレゼンテーションや交渉の「リハーサル」です。

　営業経験のない新入社員でも、営業歴何十年のベテラン社員でも取引先やお客様に提案やお見積もりを提出するときは、緊張するものです。特に、何度も取引があり双方が旧知の間柄のような場合を除いて、提案や見積を初めて提示する場合は緊張度が増します。ある程度経験値のあるベテラン営業であれば、想定外の要求や質問が出た場合、臨機応変に対応することが可能ですが、経験値の少ない間は綿密なリハーサルを行いましょう。

　取引相手を想定して、上司や先輩などにサポートを仰ぐとよいでしょう。そして、リハーサルを行うことで、交渉の相手方がどのように受け止めるか、足りない部分はどこかを指摘してもらう事で、提案や交渉に必要な情報や知識を充足するようにします。

　交渉の進め方（実践編）のまとめとして、交渉を円滑に行い相手方に十分な納得と了承を得ることで自身の利益確保を最大限にするために重要なことは、「準備」につきます。

　営業として素晴らしい実績をあげ会社に貢献していても、「事前準備」、「調整」、「提案」を綿密に組み立てなければ、交渉力を発揮することはできません。

　交渉を行い利益確保という最終目標を達成するために、次のような手順をしっかりと理解して実行できるようにしましょう。

① 　事前準備
② 　相手方との事前調整
③ 　提案（プレゼンテーション、見積提示など）
④ 　交渉（要望、条件の合意形成）
⑤ 　契約締結

準備の美学

「準備をするというのは、その日１日が終わった時に後悔しない。

言い訳の材料を作らない１日終わった時に

『あー、今日はあれをやらなかったな』とか

『これをやっておけば良かった』、

そういうことを１日が終わった時に思い出したくないので、後悔しないためのものであると言えると思います。

おそらくいい思い出、一番いい思い出ができるのは、僕が野球を辞めた後じゃないかなと思っています。

今は、昨日できなかったこと・・・が、一番悔しい思い出として残っています。」

引用：YouTube「Ichiro Suzuki: The art of Preparation」

02　交渉決裂のカード

　交渉力を強化して、目的である最終目標を達成するためには様々な事に配慮する必要があります。目標達成をするには、交渉の相手方との関係性や、論理的に納得、了承ができる理論武装、相互メリットを享受しあえる合意形成など、相手の立場を理解して最大限の顧客満足を提供する必要があります。

　しかしながら、交渉はいかに尽力しても相手方と埋めることのできない意識差や、相違点が浮き彫りになるケースがあります。埋めることのできない意識差や相違点は様々な問題が起因しています。B to B 取引の場合であればこのようなことが原因として考えられます。

　「企業規模の違いからくるコスト意識の差」
　「業界業種の違いによる取引上や商慣習の違い」
　「企業経営者による取引実績重視の考えによる決定」

など、営業や担当部署だけでは対処できないことにより、取引を断念しなければならないケースもあります。同じように、B to C 取引においても土壇場になって、交渉では越えることのできない問題が発生するケースがあります。

　「お客様の都合による法的諸問題」
　「資金調達の不具合」
　「家族、親族からの反対」

など、交渉の当事者間では解決が難しく、結果的に取引を断念することもしばしば起こり得ます。とはいえ、これらの原因で交渉を取りやめ、取引を断念する場合は、双方が納得して交渉を打ち切るため後々も良好な関係性を維持し、交渉再開、または取引の履行の可能性は残ります。

　この項で皆さんにお伝えするのは、やむを得ない事情ではなく「意図的に」交渉を打ち切りもしくは断念するケースです。様々な準備を重ね最終目標を達成するために努力したにもかかわらず、自らの意思で相手方に交渉の打ち切りを伝えなければならないケースとして、次のような場合があります。

「企業規模格差を背景にした不平等な取引条件の提示（強要）」
「同業他社との競争をあおり不当な要求」
「交渉での合意を一方的に破棄、差し戻して再交渉要求」
「重大な過失（または、瑕疵）を隠匿した状態での交渉」

これらは、通常の商取引ではあまり起こり得ません。しかし、長年、営業に携わると数年に一度はこのようなケースに直面するときがあります。営業として、このような事案に直面しても、最終目的である利益の確保、もしくは、実績の積み上げをするため可能な限り対処しようと努力することもあります。しかし、無理な条件や不当な取引は、会社や営業にとって利益をもたらすことは少なく、事態が判明したときに「意図的に」交渉の打ち切りや断念をするべきです。

　その際に、相手方に持ち出すものが【交渉】においての最強のカードともいえる「交渉決裂」です。分かりやすく言えばトランプの「ジョーカー」です。カードゲームなどで、どんな好カードや妙手のカードを出しても相手の出す「ジョーカー」には敵わないように、交渉における切り札として使うことができます。言い換えると、交渉における切り札である「交渉決裂」というカードを持たない者は圧倒的に不利な【交渉】を強いられることを覚えておいてください。
　とはいえジョーカーを持っている者が必ずしも勝つわけではなく、使い方が重要になってきます。では、どんな時に使うと効果的かをお伝えします。

　それは、自身の目的である最終目標を達成することができないと判断したときです。そして、その判断に至った場合、

　「御社の要望される条件にお応えすることは難しいと思います。残念ながらこの話はなかったことにさせてもらいます。」

　と、明確にお伝えしたうえで、交渉の打ち切りを宣言します。
ここで、相手方が急遽、翻意して

　「申し訳ありません、そんなつもりじゃなかったんです。」

　となるケースも往々にしてありますが、相手に合わせて再度、交渉のテーブルにつく必要はありません。
　何故なら、交渉相手であるあなたに対して「ジョーカー」ともいえる切り札を切らせたのですから、この先、良好な関係性を作り上げることができるとは限らないからです。
　もし、再度、テーブルにつくのであれば、一旦、条件面などを見直し慎重に検討したうえで行うべきです。

　交渉決裂は、「ジョーカー」のごとく切り札的要素の強い対処方法です。単に、交渉の相手方と条件が合わない、要求レベルが図りかねるなどの理由で相手方にチラつかせたりすると、心証を悪くし、些細なことで全ての関係性を壊してしまうこともあります。

　いざという時を除いて、切り札として「交渉決裂」を持ち出すことは慎重に検討しましょう。

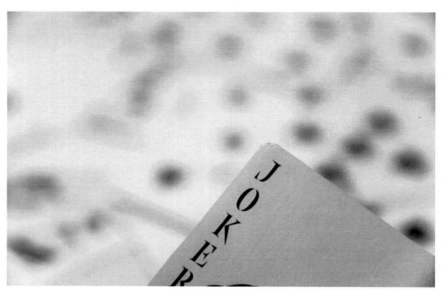

トランプのジョーカー

まとめ

　本書を通じて、どのように営業活動を行えば「交渉力の強化」に繋がるのかを学んできました。本書の冒頭にも書いた通り、交渉とは仕事のみならず、日常生活などプライベートでも様々なシーンで【交渉】をしています。

　交渉には、巧みな話術や論理的な意見、反論に必要な考察力、相手の考えを引き出す許容力など様々なスキルを要求される場面があります。勿論、ビジネスの場において最大限能力を発揮して企業に貢献をしようと考えている営業には、全て必要な能力です。しかし、全ての営業がそれらの能力を等しく、高いレベルで身につけているとは限りません。

　交渉力があるとは、コミュニケーション能力が高い、巧みな話術があるいう事ではなく、自らの最終目標を達成するために最善の策を立て、相手方との地道な対話と提案により成果に結びつけるものです。

　その為に重要なことは、交渉の相手方と良好かつ継続的な関係性を築き、交渉の前段階である事前準備と提案をしっかりと行うことです。

　仕事やプライベートで何百回、何千回とおとずれる【交渉】の場面で、必要のない「損」をしないために、自分を知り、相手を知って対処する方法を身につけてください。

　本書を読んで【交渉】というものに興味が湧いて学んで頂けたら幸いです。

著者紹介

寺澤 進吾（てらざわ しんご）

オフィス キーーウエスト　代表

経営コンサルタント

1965 年岐阜県生まれ。帝京大学卒業後、アメリカ留学を経て総合商社に入社。

2005 年独立創業。経営戦略に基づく財務、人事、IT、物流の複合業務を融合した企業マネジメントによる経営の課題解決と企業成長の支援を行っている。近年は、企業の人事労務マネジメントの最適化を担い人材の採用・教育・育成と組織開発に注力して活動中。

山田 良介（やまだ りょうすけ）

株式会社エルサ　代表取締役

営業人材育成コンサルタント

1983 年愛知県生まれ。個人向け電力サービス企業にて 15 年間、個人向け電力サービスの営業に携わり顧客満足とフォローアップによる「セールスの極意」で実績を積み重ねる。

2015 年独立起業。B to C ビジネスに特化した営業人材育成に力を注ぎ、業種を問わず営業パーソンの教育、企業研修講師など幅広く活動中。

職業訓練法人Ｈ＆Ａ　交渉力の強化

2021年4月1日　　初 版 発 行
2023年4月1日　　第三刷発行

著 者　寺澤 進吾
　　　　山田 良介

発行所　職業訓練法人Ｈ＆Ａ
　　　　〒472-0023 愛知県知立市西町妻向14-1
　　　　　　　TEL 0566(70)7766
　　　　　　　FAX 0566(70)7765

発 売　株式会社 三恵社
　　　　〒462-0056 愛知県名古屋市北区中丸町2-24-1
　　　　　　　TEL 052(915)5211
　　　　　　　FAX 052(915)5019
　　　　　　　URL http://www.sankeisha.com

ISBN978-4-86693-412-9